教育强国建设规划纲要

（2024—2035年）

节 录

中国法治出版社

教育强国建设规划纲要

（2024—2035年）

节 录

中国法治出版社

目　　录

教育强国建设规划纲要（2024—2035 年） ……… （1）

　一、总体要求 ………………………………… （1）

　二、塑造立德树人新格局，培养担当民族
　　　复兴大任的时代新人 …………………… （3）

　三、办强办优基础教育，夯实全面提升
　　　国民素质战略基点 ……………………… （6）

　四、增强高等教育综合实力，打造战略
　　　引领力量 ………………………………… （8）

　五、培育壮大国家战略科技力量，有力
　　　支撑高水平科技自立自强 …………… （10）

　六、加快建设现代职业教育体系，培养
　　　大国工匠、能工巧匠、高技能人才 …… （12）

　七、建设学习型社会，以教育数字化开辟
　　　发展新赛道、塑造发展新优势 ………… （13）

八、建设高素质专业化教师队伍，筑牢
　　教育强国根基 ……………………………（14）

九、深化教育综合改革，激发教育发展
　　活力 ………………………………………（16）

十、完善教育对外开放战略策略，建设
　　具有全球影响力的重要教育中心 ………（19）

十一、加强组织实施 ……………………………（20）

加快建设教育强国的纲领性文件 ……………………（21）
　　——教育部负责人就《教育强国建设规划
　　纲要（2024—2035年）》答记者问

教育强国建设规划纲要

（2024—2035 年）

《教育强国建设规划纲要（2024—2035 年）》主要内容如下。

为深入贯彻党的二十大关于加快建设教育强国的战略部署，制定本规划纲要。

一、总体要求

坚持以习近平新时代中国特色社会主义思想为指导，深入贯彻党的二十大和二十届二中、三中全会精神，全面贯彻习近平总书记关于教育的重要论述，深刻领悟"两个确立"的决定性意义，坚决做到"两个维护"，坚持教育优先发展，全面贯彻党的教育方针，坚定不移走中国特色社会主义教育发展道路，坚持社会主义办学方向，全面把握教育的政治属性、人民属性、战略属性，落实立德树人根本任务，为党育人、为国育才，全面服务中国式现代化建设，扎根中国大地办教育,加快建设高质量教育体系,培养德智体美劳全面发展的社会主义建设者和接班人,加快建设具有强大思政引领力、人才竞争力、科技支撑力、民生保障力、社会协同力、国际影响力的中国特色社会主义教育强国,为建设社会主义现代化强国、全面推进中华民族伟大复兴提供有力支撑。

工作中要做到:坚持党对教育事业的全面领导,突出促进公平、提高质量,强化战略引领、支撑发展,深化改革创新、协同融合,坚持自主自信、胸怀天下。正确处理支撑国家战略和满足民生需求、知识学习和全面发展、培养人才和满足社会需要、规范有序和激发活力、扎根中国大地和借鉴国际经验的关系,全面构建固本铸魂的思想政治教育体系、公平优质的基础教育体系、自强卓越的高等教育体系、产教融合的职业教育体系、泛在可及的终身教育体系、创新牵引的科技支撑体系、素质精良的教师队伍体系、开放互鉴的国际合作体系,实现由大到强的系统跃升。

主要目标是:到 2027 年,教育强国建设取得重要阶段性成效。各级教育普及水平持续巩固提升,高质量教育体系初步形成,人民群众教育获得感明显提升,人才自主培养质量全面提高,拔尖创新人才不断涌现,关键领域改革取得实质性进展,教育布局结构与经济社会和人口高质量发展需求更加契合,具有全球影响力的重要教育中心建设迈上新台阶。到2035年,建成教育强国。党对教育事业全面领导的制度体系和工作机制系统完备,高质量教育体系全面建成,基础教育普及水平和质量稳居世界前列,学习型社会全面形成,人民群众教育满意度显著跃升,教育服务国家战略能力显著跃升,教育现代化总体实现。

二、塑造立德树人新格局,培养担当民族复兴大任的时代新人

(一)加强和改进新时代学校思想政治教育。坚持不懈用习近平新时代中国特色社会主义思想铸魂育人,加强习近平总书记关于教育的重要论述的学理阐释。实施新时代立德树人工程,坚持思政课建设与党的创新理论武装同步推进,加快构建以习近平新时代中国特色社会主义思想为核心内容的课程教材体系,把学校思想政治教育贯穿各学科体系、教学体系、教材体系、管理体系,融入思想道德、文化知识、社会实践教育,确保广大学生始终忠于党、忠于国家、忠于人民、忠于社会主义,坚定马克思主义信仰、中国特色社会主义信念、中华民族伟大复兴信心。开好讲好"习近平新时代中国特色社会主义思想概论"课，系统完善中小学思政课课程标准，整体优化设计高校思政课课程方案，推进大中小学思政课一体化改革创新。打造一批"大思政课"品牌。推动理想信念教育常态化制度化，加强社会主义核心价值观教育。加强党史、新中国史、改革开放史、社会主义发展史教育。深化爱国主义、集体主义、社会主义教育，开展中国共产党人精神谱系教育。坚定文化自信，加强社会主义先进文化、革命文化和中华优秀传统文化教育，分学段有序融入思想政治教育。加强铸牢中华民族共同体意识教育。完善党政领导干部进校园开展思想政治教育长效机制，开展教育系统党员教育基本培训。增强学校基层党组织政治功能和组织功能，发挥战斗堡垒作用。

（二）加强党的创新理论体系化学理化研究阐释和成果应用。深入阐释党的创新理论科学内涵和实践要求，建强马克思主义理论学科，构建学科体系、学术体系、话语体系。全面推动党的创新理论研究成果转化为相应的学科方向和课程教材，将新时代伟大变革成功案例及其蕴含的道理学理哲理融入学校思想政治教育。

（三）拓展实践育人和网络育人空间和阵地。统筹推动价值引领、实践体验、环境营造，探索课上课下协同、校内校外一体、线上线下融合的育人机制。组织学生体验感悟新时代生动实践和伟大成就，增加实践教学比重，充分发挥红色资源育人功能，支持学生参加红色研学之旅。推动思想政治工作和信息技术深度融合，打造网络思想政治教育特色品牌，加强青少年学生网络安全意识、文明素养、行为习惯等教育，塑造有利于青少年健康成长的网络空间和育人生态。

（四）促进学生健康成长、全面发展。深入实施素质教育，健全德智体美劳全面培养体系，加快补齐体育、美育、劳动教育短板。落实健康第一教育理念，实施学生体质强健计划，中小学生每天综合体育活动时间不低于2小时，加强校园足球建设，有效控制近视率、肥胖率。推进学校美育浸润行动。实施劳动习惯养成计划，提升学生动手实践能力、解决复杂问题能力和社会适应能力。普及心理健康教育，建立全国学生心理健康监测预警系统，分学段完善服务工作机制。加强宪法法治教育、国家安全教育、国防教育。深入实施青少年学生读书行动。

（五）打造培根铸魂、启智增慧的高质量教材。落实教材建设国家事权，体现党和国家意志。加强新时代马克思主义理论研究和建设工程重点教材建设。推进思政课教材建设。深入总结新时代伟大实践，推出"中国系列"原创教材，打造自主教材体系。开发一批基础教育科学教材，打造一批职业教育优质教材，建设一批本科和研究生一流核心教材，遴选引进一批理工农医学科前沿优质教材。加快推进教材数字化转型。完善教材管理体制，健全国家、地方、学校、出版单位分级分类负责机制。完善教材建设相关表彰奖励制度。规范教辅材料和课外读物管理。

（六）推广普及国家通用语言文字。实施国家通用语言文字普及攻坚和质量提升行动。提高全民语言文化素养。健全语言文字规范标准体系，建设新型国家语料库。开展语言国情国力调查。加强网络空间语言文字规范引导。深入实施国家语言文化传承发展系列工程。加强与港澳台语言文化交流。

三、办强办优基础教育，夯实全面提升国民素质战略基点

（七）健全与人口变化相适应的基础教育资源统筹调配机制。深入实施基础教育扩优提质工程。探索逐步扩大免费教育范围。建立基础教育各学段学龄人口变化监测预警制度，优化中小学和幼儿园布局。提高教育公共服务质量和水平，提升普惠性、可及性、便捷性，加

强近期和中长期教育资源统筹配置。建立"市县结合"的基础教育管理体制，因地制宜打通使用各学段教育资源，加强跨学段动态调整和余缺调配，扩大学龄人口净流入城镇教育资源供给。支持人口20万以上县（市、区、旗）办好一所达到标准的特殊教育学校，鼓励有条件的地区建设十五年一贯制特殊教育学校。加强专门学校建设和专门教育工作。

（八）推动义务教育优质均衡发展和城乡一体化。加强义务教育学校标准化建设，逐步缩小城乡、区域、校际、群体差距。促进学校优秀领导人员和骨干教师区域内统筹调配、交流轮岗。有序推进小班化教学。提升寄宿制学校办学条件和管理水平，办好必要的乡村小规模学校。推动符合条件的农业转移人口随迁子女义务教育享有同迁入地户籍人口同等权利，健全留守儿童、残疾儿童关爱体系和工作机制，健全控辍保学常态化机制。持续做好国家乡村振兴重点帮扶县教育人才"组团式"帮扶工作。深入开展县域义务教育优质均衡督导评估，有序推进市域义务教育优质均衡发展。

（九）促进学前教育普及普惠和高中阶段学校多样化发展。稳步增加公办幼儿园学位供给，落实和完善普惠性民办幼儿园扶持政策。支持有条件的幼儿园招收2

至3岁幼儿。统筹推进市域内高中阶段学校多样化发展，加快扩大普通高中教育资源供给。探索设立一批以科学教育为特色的普通高中，办好综合高中。深入实施县域普通高中振兴计划。

（十）统筹推进"双减"和教育教学质量提升。巩固校外培训治理成果，严控学科类培训，规范非学科类培训。坚持依法治理，加强数字化、全流程管理。强化学校教育主阵地作用，全面提升课堂教学水平，加强对学习困难学生的辅导。压减重复性作业，减少日常考试测试频次。提高课后服务质量，丰富服务内容。加强科学教育，强化核心素养培育。

四、增强高等教育综合实力，打造战略引领力量

（十一）分类推进高校改革发展。实施高等教育综合改革试点。按照研究型、应用型、技能型等基本办学定位，区分综合性、特色化基本方向，明确各类高校发展定位，支持理工农医、人文社科、艺术体育等高校差异化发展。建立分类管理、分类评价机制，在办学条件、招生计划、学位点授权、经费投入等方面分类支持。根据不同类型高校功能定位、实际贡献、特色优势，建立资源配置激励机制，引导高校在不同领域不同赛道发挥优势、办出特色。

（十二）优化高等教育布局。统筹中央部门所属高校和地方高校发展。加大高水平研究型大学建设力度，加快推进地方高校应用型转型。支持部省合建高校加快发展，优化省部共建高校区域布局。新增高等教育资源适度向中西部地区、民族地区倾斜。完善对口支援工作机制。鼓励国外高水平理工类大学来华合作办学。支持高校改善学生宿舍等办学条件。有序扩大优质本科教育招生规模，扩大研究生培养规模，稳步提高博士研究生占比，大力发展专业学位研究生教育。

（十三）加快建设中国特色、世界一流的大学和优势学科。围绕中国式现代化的本质要求，自主科学确定"双一流"标准，聚焦优势学科适度扩大"双一流"建设范围。完善质量、特色、贡献导向的监测评价体系，健全动态调整和多元投入机制，加大资源配置力度。建立科技发展、国家战略需求牵引的学科设置调整机制和人才培养模式。实施一流学科培优行动，推动学科融合发展，超常布局急需学科专业，加强基础学科、新兴学科、交叉学科建设，支持濒危学科和冷门学科。深化博士研究生教育改革，打造具有全球影响力的博士研究生教育，不断提升自主培养、吸引集聚高层次人才的能力。

（十四）完善拔尖创新人才发现和培养机制。着力加强创新能力培养,面向中小学生实施科学素养培育"沃土计划";面向具有创新潜质的高中学生实施"脱颖计划"等。在战略急需和新兴领域,探索国家拔尖创新人才培养新模式。深化新工科、新医科、新农科、新文科建设,强化科技教育和人文教育协同,推进理工结合、工工贯通、医工融合、农工交叉,建强国家卓越工程师学院、国家产教融合创新平台等,深入实施国家卓越医师人才培养计划。打造一流核心课程、教材、实践项目和师资团队。

(十五)构建中国哲学社会科学自主知识体系。聚焦中国式现代化建设重大理论和实践问题,以党的创新理论引领哲学社会科学知识创新、理论创新、方法创新,构建以各学科标识性概念、原创性理论为主干的自主知识体系。实施习近平新时代中国特色社会主义思想研究、中国特色哲学社会科学研究重大专项,加快自主知识体系构建步伐,覆盖哲学社会科学所有一级学科。完善以实践为导向的法学院校教育培养机制。推进哲学社会科学创新平台和创新团队建设,加强全国重点马克思主义学院建设,建好高校哲学社会科学实验室。

五、培育壮大国家战略科技力量,有力支撑高水平科技自立自强

（十六）实施基础学科和交叉学科突破计划。强化高水平研究型大学国家基础研究主力军和重大科技突破策源地作用，提高基础研究组织化程度，建立科技创新与人才培养相互支撑、带动学科高质量发展的有效机制。打造校企地联合创新平台，加强重大科技基础设施、科技资源库建设，打造一流科技领军人才和创新团队，实现基础学科突破，引领学科交叉融合再创新。

（十七）促进青年科技人才成长发展。大力弘扬科学家精神，营造鼓励探索、宽容失败的良好环境。培养造就一批高水平师资和学术大师。

（十八）提高高校科技成果转化效能。依托国家大学科技园打造高校区域技术转移转化中心，加强与各类技术转移转化平台和高新园区等的协同，搭建校企联合研发、概念验证、中试熟化等平台，建强技术转移转化等专业人才队伍。打造高端成果交易会、大学生创新大赛等品牌。

（十九）建设高等研究院开辟振兴区域发展新赛道。面向中西部、东北等地区布局建设高等研究院，促进高水平高校、优势学科与重点行业和头部企业强强联合，以需求定项目、以项目定团队，构建人才培养、科学研究和技术转移为一体的产教融合科教融汇新样本。

六、加快建设现代职业教育体系，培养大国工匠、能工巧匠、高技能人才

（二十）塑造多元办学、产教融合新形态。深入推进省域现代职业教育体系新模式试点，落实地方政府统筹发展职业教育主体责任。建强市域产教联合体、行业产教融合共同体，优化与区域发展相协调、与产业布局相衔接的职业教育布局。推动有条件地区将高等职业教育资源下沉到市县。鼓励企业举办或参与举办职业教育，推动校企在办学、育人、就业等方面深度合作。健全德技并修、工学结合育人机制，在产业一线培养更多大国工匠。

（二十一）以职普融通拓宽学生成长成才通道。支持普通中小学开展职业启蒙教育、劳动教育。推动中等职业教育与普通高中教育融合发展。加强优质中等职业学校与高等职业学校衔接培养。加强教考衔接，优化职教高考内容和形式。鼓励应用型本科学校举办职业技术学院或开设职业技术专业。稳步扩大职业本科学校数量和招生规模。

（二十二）提升职业学校关键办学能力。优化实施高水平高等职业学校和专业建设计划，建设一批办学特色鲜明的高水平职业本科学校。加快推动职业学校办学条件全面达标。实施职业教育教学关键要素改革，系统推进专业、课程、教材、教师、实习实训改革，建设集实践教学、真实生产、技术服务功能于一体的实习实训基地。

（二十三）优化技能人才成长政策环境。加大产业、财政、金融、就业等政策支持，新增教育经费加大对职业教育支持。积极推动职业学校毕业生在落户、就业、参加招录（聘）、职称评聘、晋升等方面与普通学校毕业生享受同等待遇。落实"新八级工"制度，以技能水平和创造贡献为依据，提高生产服务一线技能人才工资水平。弘扬劳模精神、劳动精神、工匠精神，形成人人皆可成才、人人尽展其才的良好环境。

七、建设学习型社会，以教育数字化开辟发展新赛道、塑造发展新优势

（二十四）提升终身学习公共服务水平。构建以资历框架为基础、以学分银行为平台、以学习成果认证为重点的终身学习制度。加强教育资源共享和公共服务平台建设，建设学习型城市、学习型社区，完善国家开放大学体系，建好国家老年大学。加强学习型社会数字基础设施建设，建好国家数字大学。完善和加强继续教育、自学考试、非学历教育等制度保障，建设人人皆学、处处能学、时时可学的学习型社会。

（二十五）实施国家教育数字化战略。坚持应用导向、治理为基，推动集成化、智能化、国际化，建强用好国家智慧教育公共服务平台，建立横纵贯通、协同服务的数字教育体系。开发新型数字教育资源。建好国家教育大数据中心，搭建教育专网和算力共享网络。推进智慧校园建设，探索数字赋能大规模因材施教、创新性教学的有效途径，主动适应学习方式变革。打造世界数字教育大会、世界数字教育联盟、全球数字教育发展指数、数字教育权威期刊等公共产品，推动优质慕课（大型开放式网络课程）走出去。

（二十六）促进人工智能助力教育变革。面向数字经济和未来产业发展，加强课程体系改革，优化学科专业设置。制定完善师生数字素养标准，深化人工智能助推教师队伍建设。打造人工智能教育大模型。建设云端学校等。建立基于大数据和人工智能支持的教育评价和科学决策制度。加强网络安全保障，强化数据安全、人工智能算法和伦理安全。

八、建设高素质专业化教师队伍，筑牢教育强国根基

（二十七）实施教育家精神铸魂强师行动。推动教育家精神融入教师培养培训全过程，贯穿课堂教学、科学研究、社会实践各环节，构建日常浸润、项目赋能、平台支撑的教师发展良好生态。加强教师队伍思想政治工作，加强教师党组织建设，发挥党员教师先锋模范作用。坚持师德师风第一标准，健全师德师风建设长效机制，严格落实师德失范"零容忍"。

（二十八）提升教师专业素质能力。健全教师教育体系，扩大实施国家优秀中小学教师培养计划，推动高水平大学开展教师教育，提高师范教育办学质量。加强义务教育班主任队伍建设。完善高水平职业教育教师培养培训和企业实践制度，提升"双师型"教师队伍建设水平。面向全球聘任高水平师资，加强教师培训国际交流合作，健全高校教师发展支持服务体系。强化教师全员培训，完善国家、省、市、县、校分级研训体系。

（二十九）优化教师管理和资源配置。完善国家教师资格制度和教师招聘制度。优化各级各类学校师生配比，统筹做好寄宿制学校、公办幼儿园教职工编制配备。优化中小学教师"县管校聘"管理机制。深化教师考核评价制度改革。优化教师岗位结构比例。鼓励职业学校教师与企业高技能人才按规定互聘兼职。制定高校工科教师聘用指导性标准。深入实施国家银龄教师行动计划。推动博士后成为高校教师的重要来源。

（三十）提高教师政治地位、社会地位、职业地位。保障教师课后服务工作合理待遇，优化教师工资结构，落实完善乡村教师生活补助政策。强化高中、幼儿园教师工资待遇保障，完善职业学校教师绩效工资保障制度，推进高校薪酬制度改革。维护教师职业尊严和合法权益，减轻教师非教育教学任务负担，落实社会公共服务教师优先政策，做好教师荣休工作。加大优秀教师选树表彰和宣传力度，让教师享有崇高社会声望、成为最受社会尊重的职业之一。

九、深化教育综合改革，激发教育发展活力

（三十一）深化教育评价改革。各级党委和政府要树立正确政绩观，树立科学的教育评价导向，防止和纠正"分数至上"等偏差。有序推进中考改革。加快扩大优质高中招生指标到校，开展均衡派位招生试点。深化高考综合改革，构建引导学生德智体美劳全面发展的考试或考核内容体系，重点强化学生关键能力、学科素养和思维品质考查。深化研究生学术学位和专业学位的分类选拔，加强科研创新能力和实践能力考查。推进信息技术赋能考试评价改革。深化高校人才评价改革，破除

人才"帽子"制约，突出创新能力、质量、实效、贡献导向，科学认定标志性成果。完善义务教育优质均衡推进机制。引导规范民办教育发展。

（三十二）完善人才培养与经济社会发展需要适配机制。坚持总体适配、动态平衡、良性互动，完善人才需求预测预警机制，探索建立国家人才供需对接大数据平台，加强分行业分领域人才需求分析和有效对接，定期编制发布人才需求报告和人才需求目录。开展就业状况跟踪调查，强化就业状况与招生计划、人才培养联动，加强就业质量监测和评价反馈。超前布局、动态调整学科专业，优化办学资源配置，完善学生实习实践制度。加快构建高校毕业生高质量就业服务体系，促进高校毕业生高质量充分就业。

（三十三）提升依法治教和管理水平。健全教育法律法规规章，研究编纂教育法典。完善学校管理体系，健全学校章程实施保障机制，落实学校办学自主权。坚决惩治学术不端行为及学术腐败，完善师生科研诚信和作风学风教育培训机制。完善督政、督学、评估监测教育督导体系，健全国家、省、市、县教育督导机构。构建校园智能化安防体系，完善学生欺凌和暴力行为早发现、早预防、早控制机制，加强防溺水、交通安全等教育，完善校园安全纠纷多元化解机制和安全风险社会化分担机制。

（三十四）健全教育战略性投入机制。各级政府要加大财政投入力度，建立预算拨款和绩效激励约束机制，确保财政一般公共预算教育支出逐年只增不减，确保按在校学生人数平均的一般公共预算教育支出逐年只增不减，保证国家财政性教育经费支出占国内生产总值比例高于4%。完善各级各类教育预算拨款制度，合理确定并适时提高相关拨款标准和投入水平，建立学生资助标准动态调整机制。逐步提高预算内投资用于教育的比重。优化完善教育领域相关转移支付。搭建高校、企业、社会深度融合的协同育人经费筹措合作机制。发挥各级教育基金会作用，引导规范社会力量投入和捐赠教育。完善非义务教育培养成本合理分担机制。完善覆盖全学段学生资助体系。完善教育经费统计体系。优化教育支出结构，强化经费监管和绩效评价。

（三十五）构建教育科技人才一体统筹推进机制。加强主管部门定期会商，共同做好政策协调、项目统筹、资源配置。完善科教协同育人机制，加强创新资源统筹和力量组织。强化教育对科技和人才的支撑作用，教育布局和改革试点紧密对接北京、上海、粤港澳大湾区等国际科技创新中心建设，对接区域科技创新中心建设、国家高水平人才高地和吸引集聚人才平台建设，提升国家创新体系整体效能。

十、完善教育对外开放战略策略，建设具有全球影响力的重要教育中心

（三十六）提升全球人才培养和集聚能力。加强对出国留学人员的教育引导和服务管理。改革国家公派出国留学体制机制，加强"留学中国"品牌和能力建设，完善来华留学入学考试考核。鼓励支持选拔优秀人才到国际知名高校、研究机构研修，扩大中外青少年交流，实施国际暑期学校等项目。提升高等教育海外办学能力，完善职业教育产教融合、校企协同国际合作机制，深耕鲁班工坊等品牌。支持更多国家开展中文教学。

（三十七）扩大国际学术交流和教育科研合作。支持高水平研究型大学发起和参与国际大科学计划、建设大科学装置、主持重大国际科研项目，推动建设高水平高校学科创新引智基地、国际合作联合实验室。高质量推进国际产学研合作。积极参与开放科学国际合作。

（三十八）积极参与全球教育治理。深化同联合国教科文组织等国际组织和多边机制合作。建立教育创新合作网络，支持国际 STEM（科学、技术、工程、数学）教育研究所建设发展。支持国内高校设立教育类国际组织、学术联盟，打造具有国际影响力的学术期刊、系列指数和报告。设立区域全面经济伙伴关系国际教育合作区。实施中国教育品牌培育计划。

十一、加强组织实施

建设教育强国，必须完善党委统一领导、党政齐抓共管、部门各负其责的教育领导体制。全面推进各级各类学校党的建设，牢牢掌握党对学校意识形态工作领导权，落实意识形态工作责任制，深入推进党风廉政建设和反腐败斗争，将党风政风、师德师风、校风学风建设作为评价学校领导班子办学治校水平的重要内容，维护教育系统政治安全与和谐稳定。充分发挥中央教育工作领导小组统筹协调、整体推进、督促落实作用，推动解决教育强国建设中的重大问题，加强教育强国建设的监测评价。各级党委和政府要切实扛起教育强国建设的政治责任，把推进教育强国建设纳入重要议事日程，结合实际抓好本规划纲要贯彻落实。要营造全社会共同关心支持教育强国建设的良好环境，加强宣传和舆论引导，健全学校家庭社会协同育人机制，形成建设教育强国强大合力。

加快建设教育强国的纲领性文件[*]

——教育部负责人就《教育强国建设规划纲要（2024—2035年）》答记者问

近日，中共中央、国务院印发《教育强国建设规划纲要（2024—2035年）》（以下简称《纲要》）。教育部负责人就《纲要》有关情况回答了记者提问。

问：《纲要》出台有什么背景和意义？

答：教育是强国建设、民族复兴之基。党的十八大以来，以习近平同志为核心的党中央坚持把教育作为国之大计、党之大计，作出加快教育现代化、建设教育强国的重大决策，推动新时代教育事业取得历史性成就、发生格局性变化，我国教育现代化发展总体水平跨入世界中上国家行列，教育强国建设进入了蓄势突破、全面跃升的重要阶段。站在新的起点上，党的二十大明确提

---

[*] 来源：《人民日报》2025年1月20日第7版。

出到2035年建成教育强国的宏伟目标。

为加快推进教育强国建设，中央教育工作领导小组加强对《纲要》编制的统筹领导，教育部会同有关部门深入推进编制工作，认真学习习近平新时代中国特色社会主义思想，深入贯彻党的二十大和二十届二中、三中全会精神，全面学习领会习近平总书记关于教育的重要论述和重要指示批示精神，特别是在全国教育大会上的重要讲话精神，深入开展调研论证，广泛征求各地区各部门、各民主党派中央、有关学校和专家学者等意见建议。

此次印发的《纲要》，是在我国迈上全面建设社会主义现代化国家新征程、向第二个百年奋斗目标进军的关键时刻，党中央、国务院颁布实施的教育事业发展纲领性文件，是首个以教育强国为主题、以全面服务中国式现代化建设为重要任务的国家行动计划，是全面推进教育科技人才一体统筹发展、提升国家创新体系整体效能的顶层制度安排，对落实党的二十大重大部署，更好发挥教育强国建设在全面推进强国建设、民族复兴伟业中的先导任务、坚实基础、战略支撑作用，具有重大而深远的意义。

问：《纲要》编制的主要思路是什么？

答：《纲要》以习近平新时代中国特色社会主义思

想为指导，深入贯彻全国教育大会精神，紧扣中央关心、群众关切、社会关注，坚持目标导向、问题导向和效果导向，紧紧围绕教育的"三大属性"，以"六大特质"为主要特征、以"八大体系"为基本结构、以正确处理"五个重大关系"为关键要求，将深化改革贯穿全文，突出教育科技人才一体统筹部署，推出一系列创新举措，推动从教育大国向教育强国的系统跃升。

其中，"三大属性"，指的是教育的政治属性、人民属性、战略属性；"六大特质"，指的是教育强国应当具有强大的思政引领力、人才竞争力、科技支撑力、民生保障力、社会协同力、国际影响力。"八大体系"，指的是全面构建固本铸魂的思想政治教育体系、公平优质的基础教育体系、自强卓越的高等教育体系、产教融合的职业教育体系、泛在可及的终身教育体系、创新牵引的科技支撑体系、素质精良的教师队伍体系、开放互鉴的国际合作体系。正确处理"五个重大关系"，指的是必须正确处理支撑国家战略和满足民生需求、知识学习和全面发展、培养人才和满足社会需要、规范有序和激发活力、扎根中国大地和借鉴国际经验的关系。

问：《纲要》在总体目标设定上有哪些考虑？

答：《纲要》坚持远近结合，分2027、2035年"两步走"。

"第一步"面向开局起步阶段，重点是全方位打牢教育强国建设基础。《纲要》明确到2027年，教育强国建设取得重要阶段性成效。各级教育普及水平持续巩固提升，高质量教育体系初步形成，人民群众教育获得感明显提升，人才自主培养质量全面提高，拔尖创新人才不断涌现，关键领域改革取得实质性进展，教育布局结构与经济社会和人口高质量发展需求更加契合，具有全球影响力的重要教育中心建设迈上新台阶。

"第二步"面向中长期，深化重大战略布局，确保如期建成教育强国。《纲要》明确到2035年，党对教育事业全面领导的制度体系和工作机制系统完备，高质量教育体系全面建成，基础教育普及水平和质量稳居世界前列，学习型社会全面形成，人民群众教育满意度显著跃升，教育服务国家战略能力显著跃升，教育现代化总体实现。

问：请介绍一下《纲要》的结构和主要内容。

答：《纲要》共11部分，分别对应总体要求、"八大体系"、综合改革和组织实施。

一是总体要求，明确了教育强国建设的指导思想、工作原则和主要目标。

二是塑造立德树人新格局，培养担当民族复兴大任的时代新人。提出加强和改进新时代学校思想政治教育，加强党的创新理论体系化学理化研究阐释和成果应用，拓展实践育人和网络育人空间和阵地，促进学生健康成长、全面发展，打造培根铸魂、启智增慧的高质量教材，推广普及国家通用语言文字。

三是办强办优基础教育，夯实全面提升国民素质战略基点。提出健全与人口变化相适应的基础教育资源统筹调配机制，推动义务教育优质均衡发展和城乡一体化，促进学前教育普及普惠和高中阶段学校多样化发展，统筹推进"双减"和教育教学质量提升。

四是增强高等教育综合实力，打造战略引领力量。提出分类推进高校改革发展，优化高等教育布局，加快建设中国特色、世界一流的大学和优势学科，完善拔尖创新人才发现和培养机制，构建中国哲学社会科学自主知识体系。

五是培育壮大国家战略科技力量，有力支撑高水平科技自立自强。提出实施基础学科和交叉学科突破计划，促进青年科技人才成长发展，提高高校科技成果转化效能，建设高等研究院开辟振兴区域发展新赛道。

六是加快建设现代职业教育体系，培养大国工匠、能工巧匠、高技能人才。提出塑造多元办学、产教融合新形态，以职普融通拓宽学生成长成才通道，提升职业学校关键办学能力，优化技能人才成长政策环境。

七是建设学习型社会，以教育数字化开辟发展新赛道、塑造发展新优势。提出提升终身学习公共服务水平，实施国家教育数字化战略，促进人工智能助力教育变革。

八是建设高素质专业化教师队伍，筑牢教育强国根基。提出实施教育家精神铸魂强师行动，提升教师专业素质能力，优化教师管理和资源配置，提高教师政治地位、社会地位、职业地位。

九是深化教育综合改革，激发教育发展活力。提出深化教育评价改革，完善人才培养与经济社会发展需要适配机制，提升依法治教和管理水平，健全教育战略性投入机制，构建教育科技人才一体统筹推进机制。

十是完善教育对外开放战略策略，建设具有全球影响力的重要教育中心。提出提升全球人才培养和集聚能力，扩大国际学术交流和教育科研合作，积极参与全球教育治理。

十一是加强组织实施。要求完善党委统一领导、党政齐抓共管、部门各负其责的教育领导体制，全面推进各级各类学校党的建设。充分发挥中央教育工作领导小组作用，各级党委和政府要切实扛起教育强国建设的政治责任，形成建设教育强国强大合力。

问：如何抓好《纲要》贯彻落实？

答：贯彻落实好《纲要》，是当前和今后一个时期各级党委和政府的重要任务。教育系统要积极开展多形式、分层次、全覆盖的学习宣传培训，把全面实施《纲要》与学习贯彻习近平总书记关于教育的重要论述，特别是在全国教育大会上的重要讲话精神和习近平同志《论教育》结合起来，引导广大党员干部教师把思想和行动统一到中央决策部署上来，推动各项工作落地见效。

为了推动教育强国建设高起点高质量开局起步，教育部正抓紧研究启动加快建设教育强国三年行动计划，加强顶层设计，开展改革试点，强化监测评价，推动《纲要》重大部署落地落实。

教育关系千家万户，实施好《纲要》是全社会的共同责任。要健全学校家庭社会协同育人机制，动员全社会共同关心支持教育改革发展。广泛宣传报道各地各校学习贯彻《纲要》的进展成效，推广经验成果和先进典型，营造良好社会环境和舆论氛围。

图书在版编目（CIP）数据

教育强国建设规划纲要 : 2024—2035 年 : 节录 / 中国法治出版社编. -- 北京 : 中国法治出版社，2025. 2. -- ISBN 978-7-5216-5033-4

Ⅰ. G521

中国国家版本馆 CIP 数据核字第 2025EM9849 号

教育强国建设规划纲要（2024—2035 年）：节录

JIAOYU QIANGGUO JIANSHE GUIHUA GANGYAO（2024—2035 NIAN）：JIELU

经销/新华书店
印刷/保定市中画美凯印刷有限公司
开本/880 毫米×1230 毫米　32 开　　　　　　　　印张/1　字数/14 千
版次/2025 年 2 月第 1 版　　　　　　　　　　　　2025 年 3 月第 4 次印刷

中国法治出版社出版
书号 ISBN 978-7-5216-5033-4　　　　　　　　　　　定价：5.00 元

北京市西城区西便门西里甲 16 号西便门办公区
邮政编码：100053　　　　　　　　　　　　　　传真：010-63141600
网址：http：//www.zgfzs.com　　　　　　编辑部电话：010-63141804
市场营销部电话：010-63141612　　　　　　印务部电话：010-63141606

（如有印装质量问题，请与本社印务部联系。）

ISBN 978-7-5216-5033-4

定价：5.00元